Tina Walls

Vidas de Santos
Teresa de Calcuta

EDITORIAL SAN ROMÁN

© 2026 Tina Walls

© 2026 de la presente edición de España:
Ediciones San Román.
C/ Zurbano 65, 3º Izda. 28010 Madrid.
editorialsanroman@gmail.com
www.editorialsanroman.com

Primera edición: abril 2026

Depósito legal: M-4485-2026
ISBN: 978-84-17463-05-2

Impreso en España por: Artes Gráficas COFÁS, S.A. Móstoles
(Madrid)

TINA WALLS
VIDAS DE SANTOS
TERESA DE CALCUTA

EDITORIAL SAN ROMÁN

VIDAS DE SANTOS

En esta colección iremos contando las grandes vidas de los **santos**, esos amigos de Dios que nos esperan en el Cielo.

Son historias de personas corrientes, cuya amistad con Jesús transformó sus vidas en algo extraordinario, convirtiéndolos en un ejemplo para todos nosotros. Descubrirás sus historias, emocionantes aventuras de fe, que nos muestran cómo en la amistad con Jesús se encuentra el verdadero camino hacia el Cielo.

Conocerás a jóvenes valientes, sabios pacientes y corazones llenos de amor que, al decir "sí" a Jesús, no solo encontraron la verdadera felicidad en sus vidas, sino que además se convirtieron en un faro de esperanza para todos, cambiando el mundo en el que les tocó vivir.

En este libro te contaremos quién fue **Teresa de Cacluta**, una monja cuyo amor por Jesús le llevó a mejorar la vida de miles de personas de entre los más pobres del mundo.

UN CUIDADOR CELESTIAL

La historia que os voy a contar no trata sobre mí, sino sobre una niña muy especial a la que me encargaron cuidar. Fue una chica normal, bajita y risueña, a la que le encantaba cantar en el coro. Era muy alegre y siempre estaba dispuesta a ayudar a quién lo necesitara. Aunque pequeña en estatura, tenía un corazón tan grande que decidió amar a quienes nadie más quería. Se llamaba Teresa de Calcuta y esta es la historia de cómo se convirtió en una santa.

Pero antes de empezar, os preguntaréis quién soy yo. Pues bien, como os dije, yo tuve la suerte de tener la tarea de cuidarla y pude acompañarla en toda su gran historia: he estado pendiente de ella desde antes de que naciera hasta que se fue al Cielo. Soy el ángel de la guarda de Teresa.

Y, ¿sabéis cómo empieza su historia?

Una niña llamada Gonxhe

El 26 de agosto de 1910 fui a una ciudad llamada Skopje. Allí, en el seno de una familia albanesa iba a nacer una niña a la que llamaron Agnes Gonxhe. Mi labor comenzaba.

Sus padres, Nikola y Drana, eran buenos cristianos y al día siguiente bautizaron a la pequeña Gonxhe, que se hizo amiga de Jesús para siempre y empezó su camino al Cielo.

Junto con sus dos hermanos mayores, Gonxhe creció en un ambiente de alegría y generosidad, donde nunca un hambriento encontró la puerta de su casa cerrada.

Aunque su padre, Nikola, murió cuando Gonxhe era muy pequeña, sus enseñanzas y las de su madre, sus ejemplos de vida y generosidad, marcaron para siempre a la pequeña.

9

La llamada de Dios

¡Recuerdo cómo le gustaba cantar! Tenía una voz preciosa y, junto a su hermana Aga, formaba un dúo tan especial que en la parroquia del Sagrado Corazón todos las llamaban cariñosamente «las dos ruiseñores».

Gonxhe era una chica muy normal y divertida: tocaba la mandolina, ayudaba a los sacerdotes y organizaba fiestas para ayudar a los demás. ¡Su parroquia era su segundo hogar!

Pronto vi que Jesús le susurraba algo importante en su corazón. A los doce años, sintió por primera vez su llamada. Al principio tuvo algunas dudas, porque le gustaba mucho su vida. Pero todo cambió en las excursiones que hacía con su familia al santuario de la Virgen de Letnice. Allí, rezando a los pies de María, comprendió que su misión estaba muy lejos. Al leer las cartas de los misioneros jesuitas, sus ojos brillaban de emoción. ¡Ya no solo quería cantar en su iglesia, quería llevar el amor de Dios al mundo entero! ¡A cuántas almas, que no conocían a Jesús, podía ayudar a ir al Cielo!

¡Hacia un nuevo hogar!

A los 18 años, Gonxhe dejó para siempre a su familia. A la estación de tren le acompañó su madre y su hermana Aga. El destino era un convento muy bonito en Dublín, donde se uniría a las Hermanas de Loreto, una orden religiosa irlandesa conocida por su labor educativa en la India.

Allí cambió su nombre por el de Maria Teresa del Niño Jesús por el cariño que le tenía a Santa Teresa de Lisieux. Su estancia fue breve, el tiempo necesario para aprender inglés. Nuestro destino definitivo estaba a miles de kilómetros: la India

¡Maestra «Ma de Bengala»!

¡Por fin la India! El 6 de enero de 1929, vi a Teresa bajar del barco con los ojos muy abiertos. Estaba maravillada con los paisajes, pero su corazón ya latía agitado por las personas que vivían en casitas muy pobres. Primero fuimos a Darjeeling, un lugar precioso a los pies de las montañas, donde se puso su hábito de novicia y rezó mucho para prepararse. Pero su gran aventura comenzó cuando la enviaron a una escuela en Calcuta llamada St. Mary's.

Allí, Teresa se convirtió en una profesora fantástica. Enseñaba Geografía e Historia, ¡y hablaba bengalí e hindi tan bien que todos la llamaban «Teresa de Bengala»! Era alegre, trabajadora y cariñosa. Pero lo que más me gustaba ver era su humildad: era habitual verla arremangarse el hábito y ponerse a fregar los suelos con agua y escobón si la clase estaba sucia.

A los niños más pobres, que venían con sus ropitas rotas, los trataba con tanta ternura que, en vez de llamarla "Mother" en inglés, la llamaban cariñosamente "Ma", que significa "Mamá" en su idioma.

LAS CALLES DE LA MISERIA

Aunque era muy feliz enseñando en su colegio, yo veía cómo su mirada se escapaba a veces por las ventanas, hacia las calles de Calcuta. Allí fuera, el mundo era distinto: veía a familias enteras durmiendo en el suelo, gente pasando hambre y heridas sin curar. ¡A Teresa se le partía el corazón! Por eso, en sus ratos libres, salía a las calles y a los hospitales para ser las manos de Jesús.

Recuerdo un día que me conmovió muchísimo: un hombre traía a un niño muy enfermito y ciego, y como no tenía nada, ¡quería dejarlo en la hierba para los animales! Pero Teresa, con una ternura que solo viene del Cielo, lo recogió. Comprendió que Jesús la llamaba a estar allí mismo, en medio del dolor, para llevar luz a esos pobrecitos y, sobre todo, muchísimo amor.

17

TENGO SED

En septiembre de 1946 nos dirigíamos en tren de nuevo hacia las montañas para un retiro espiritual cuando ocurrió algo asombroso.

Teresa era muy feliz en la orden de Loreto, pero mientras el tren traqueteaba entre el ruido y el polvo, Jesús le habló directamente al corazón. Fue una «llamada dentro de la llamada». Jesús le dijo unas palabras que ella nunca olvidaría: «Tengo sed». No era sed de agua, ¡era sed de amor y de almas!

Le pidió algo muy valiente: dejar su querido convento para ir a vivir en los barrios más pobres. «Ven, sé mi luz», le decía el Señor, «llévame a donde están los enfermos y los niños solos». Aunque Teresa sintió un poquito de miedo porque se veía pequeña y débil, recordó la promesa que había hecho a Dios de no negarle nada.

El vestido de los más pobres

Después de esperar mucho tiempo y rezar con paciencia, el Papa le dio el permiso para empezar su nueva aventura. Para mezclarse con la gente de los barrios humildes, la Madre Teresa decidió cambiar su pesado hábito negro por algo muy sencillo: ¡un sari!

Compró en el mercado la tela más barata que encontró, de color blanco para recordar la pureza y con tres franjas azules para que la Virgen María la acompañara siempre. Se veía tan parecida a las mujeres de la India que, desde aquel momento, fue una más entre ellos.

Pero antes de lanzarse a las calles, Teresa se marchó a aprender enfermería con otras hermanas. Allí aprendió a limpiar heridas y a cuidar a los enfermos. Sus profesoras le enseñaron algo muy importante: para cuidar bien a los demás, ¡ella también tenía que estar sana! Con su maletín de medicinas, su sari nuevo y su mano puesta en la de Jesús, la Madre Teresa estaba lista para llevar luz a los rincones más oscuros de Calcuta.

JABÓN

22

tina walls

Una escuela en el suelo

Con solo cinco rupias en el bolsillo dejó atrás todo cuanto tenía y se adentró sola por las calles de Calcuta. Pero aunque todo estaba oscuro, ella confiaba ciegamente en Jesús.

Su primera "escuela" en el barrio de Motijhil no tenía mesas, ni pizarras, ni libros. Era un espacio entre chozas. Y ¿sabéis qué usó? ¡Un palo de madera! Con él dibujaba las letras en el fango mientras los niños se sentaban a su alrededor en el suelo. Antes de empezar las clases, los lavaba con mucho cariño y les regalaba un trocito de jabón; para muchos, era la primera vez que sentían un abrazo tan tierno. Al principio, los vecinos la miraban con extrañeza, pero al verla fregar suelos y curar las llagas de los enfermos con tanta alegría, comprendieron que era una verdadera madre. ¡Así, con un palo dibujando en el lodo, empezó una aventura de amor que llegaría a todo el mundo!.

Misioneras de la caridad

Un sacerdote amigo de la Madre Teresa, conmovido al ver el trabajo que realizaba y la falta de espacio le consiguió una pequeña habitación. Era un sitio muy pobre, que usaba un banco como biblioteca o una caja como mesa, pero el ambiente era de alegría y oración continua.

Pronto la Madre Teresa dejó de estar sola y sus antiguas alumnas, al verla tan feliz sirviendo a Jesús, quisieron ser como ella. La primera fue Subhasini, una joven de buena familia que cambió sus vestidos de seda por el sencillo sari y eligió un nombre muy especial: Hermana Agnes, como el nombre familiar de la Madre Teresa.

El 7 de octubre de 1950, el Papa dijo "sí" y nacieron oficialmente las Misioneras de la Caridad. Como todas las ordenes, tenían tres votos (pobreza, castidad y obediencia), pero le añadieron un cuarto: el servicio gratuito entregándose de corazón a los más pobres de entre los pobres.

Curando a Jesús

La Madre Teresa tenía muy presente cuando a Jesús le preguntaron «¿cuando te vimos enfermo o hambriento y no te ayudamos?» Y el contestó: «Cuando lo hicisteis a otros, a mí me lo hicisteis». Por eso ella siempre veía a Jesús en los que sufrían. En 1952, abrió Nirmal Hriday, que significa «Corazón Puro». Era un lugar donde los pobres, los ancianos y los enfermos que nadie quería, podían descansar en una cama limpia y ser tratados con cariño. La Madre Teresa siempre decía que todos

tienen derecho a sentirse amados. Pero su amor no se detenía ahí. También creó clínicas móviles para los leprosos, a quienes nadie quería ni tocar, y fundó Shanti Nagar, una ciudad de paz donde aprendían a fabricar zapatos y cultivar la tierra, sintiéndose útiles y felices otra vez. Y para los más pequeños, abrió Shishu Bhavan, un hogar para bebés que no tenían familia. A la Madre Teresa se le iluminaba la cara cuando los cogía en brazos; cada bebé era un regalo de Dios. Para ella y para las hermanas, curar una herida o dar de comer a un niño no era solo un trabajo, ¡era como cuidar al mismo Jesús! Cada gesto de amor era un pequeño vaso con el que saciar esa *sed de Dios*.

27

Una familia mundial

¿Sabéis qué pasa cuando plantas una semilla con mucho amor? ¡Que crece hasta convertirse en un árbol gigante! En 1965, la "pequeña semilla" de Calcuta cruzó el océano y llegó a Venezuela. Allí viajó la Madre Teresa con cinco hermanas, que se quedarían en un pueblecito llamado Cocorote.

Hacían de todo: eran maestras, enfermeras y hasta arreglaban tejados después de las tormentas. ¡Eran tan valientes que la gente decía que eran como ángeles enviados del Cielo! Desde ese momento, la luz de los saris blancos y azules empezó a brillar en todos los continentes: desde los desiertos de África hasta los rascacielos de Nueva York y las calles de Roma.

LA OSCURIDAD INTERIOR

Aunque a la Madre Teresa siempre se la veía sonriente, por dentro una oscuridad se había apoderado de ella. Y es que casi desde el comienzo de su obra, la Madre Teresa empezó a sentir que Dios le había abandonado, que ya no estaba con ella, mientras ella deseaba estar totalmente unida a Él.

Un día un sacerdote le dijo unas palabras que le consolaron mucho, hasta el punto de amar aquella oscuridad que ella sentía. Jesús, que había sido abandonado en la Cruz, quería que la Madre Teresa conociera lo que Él mismo había vivido. Solo así podría entender y compartir el sufrimiento de aquellos pobrecitos a los que nadie quería.

El premio a los pobres

En 1979, el mundo entero se puso de pie para aplaudir a la Madre Teresa. ¡Le dieron el Premio Nobel de la Paz! Fue una noticia que dio la vuelta al planeta, pero ella no se sentía digna de nada. Aceptó el premio solo en nombre de los pobres, porque decía que por fin el mundo se había dado cuenta de que ellos existían.

Delante de reyes y presidentes poderosos, con su sari blanco y azul y su voz suave pero valiente, llevó la voz de los más pobres. Recordó a todos que «la paz comienza en casa» con un beso, una sonrisa y rezando juntos en familia. Ella se sentía simplemente como un «pequeño lápiz» en las manos de Dios, dejando que Él escribiera una preciosa carta de amor a todo el mundo.

DE CALCUTA AL CIELO

Los últimos años de la Madre Teresa fueron como una vela que se va gastando de tanto iluminar. Su cuerpo ya muy viejecito estaba cansado: el corazón le fallaba y tuvo que ir muchas veces al hospital. En 1997, con mucha paz, dejó a la Hermana Nirmala al mando de las hermanas, sintiéndose feliz porque pronto volvería a los brazos de Jesús.

El 5 de septiembre de 1997, la Madre Teresa se fue al Cielo. Aquella noche en su casa de Calcuta, ocurrió algo asombroso: de repente, ¡todas las luces de la casa se apagaron! En medio de ese silencio y oscuridad, el corazón de Teresa dejó de latir suavemente. Pocos días antes de morir, le escucharon rezar el resumen de toda esta aventura de amor: «Jesús, nunca Te he negado nada».

Toda la India se puso triste y le hicieron un gran funeral llevándola por las calles. Reyes y presidentes de todo el mundo vinieron a decirle adiós, pero los invitados de honor fueron sus favoritos: ¡los pobres y los niños! Ella se fue al Cielo tranquila, sabiendo que dejaba a miles de hermanas cuidando Su "luz" en todos los rincones de la tierra.

EL LEGADO DE UNA MONJITA

Tras su llegada al Cielo, la madre Teresa seguía pensando en los pobrecitos. Por eso, una mujer de la India llamada Mónica, que tenía un tumor muy malo se curó milagrosamente al rezarle con mucha fe. Jesús quiso que todos supiéramos

que era su amiga y por eso el Papa Francisco la llamó oficialmente Santa Teresa de Calcuta en una fiesta preciosa en Roma.

Es increíble pensar cómo empezó todo. Aquella "pobre monjita" que llegó a Calcuta con solo cinco rupias y un palo para escribir en el barro, ¡cambió el mundo entero simplemente diciéndole "sí" a Jesús!

Hoy, su familia es gigante: miles de hermanas con sus saris ayudan por todo el mundo siguiendo sus pasos. Ella nos enseñó que la mayor pobreza no es no tener comida, sino sentirse solo y no ser amado

Una vida para ser contada

Y aquí estoy, en el sitio más féliz que os podáis imaginar. Con Jesús, la Virgen María y la Madre Teresa, que al fin ha llegado a la meta tras un largo camino de 87 años que empezó en Skopje en 1910.

Estoy terminando de contar su maravillosa historia. Porque las vidas de estos amigos de Jesús que son los santos, son para ser contadas y que todas las demás personas tengáis en ellos un ejemplo de vida.

Oración de Santa Teresa de Calcuta

Señor, cuando tenga hambre, dame alguien que necesite comida;
Cuando tenga sed, dame alguien que precise agua;
Cuando sienta frío, dame alguien que necesite calor.
Cuando sufra, dame alguien que necesite consuelo;
Cuando mi cruz parezca pesada, déjame compartir la cruz del otro;
Cuando me vea pobre, pon a mi lado algún necesitado.
Cuando no tenga tiempo, dame alguien que precise de mis minutos;
Cuando sufra humillación, dame ocasión para elogiar a alguien;
Cuando esté desanimado, dame alguien para darle nuevos ánimos.
Cuando quiera que los otros me comprendan, dame alguien que necesite de mi comprensión;
Cuando sienta necesidad de que cuiden de mí, dame alguien a quien pueda atender;
Cuando piense en mí mismo, vuelve mi atención hacia otra persona.

Haznos dignos, Señor, de servir a nuestros hermanos;
Dales, a través de nuestras manos, no sólo el pan de cada día, también nuestro amor misericordioso, imagen del tuyo.

"Vosotros sois mis amigos si hacéis lo que Yo os mando. Ya no os llamo siervos, porque el siervo no sabe lo que hace su señor: a vosotros os llamo amigos, porque todo lo que he oído a mi Padre os lo he dado a conocer. No sois vosotros los que Me habéis elegido, soy Yo quien os he elegido y os he destinado para que vayáis y deis fruto, y vuestro fruto permanezca. De modo que lo que pidáis al Padre en mi nombre os lo dé."

Evangelio según san Juan (15,12-16)

ÍNDICE

TÍTULOS DE LA COLECCIÓN

TINA WALLS

Victoria Paredes nació en Madrid en 1985, ciudad en la que completó sus estudios de Arquitectura en la Universidad Politécnica. Por esta época tambien realizó sus primeros trabajos de ilustración para diferentes editoriales.

Tras trabajar en el cine y la arquitectura, hoy dedica su talento a la enseñanza y a la ilustración bajo el nombre de Tina Walls. Su labor une el arte con la fe, ilustrando la vida de los santos, pero también las distintas advocaciones de la Virgen María o la Navidad, en distintos libros infantiles.